Der große

Flach witze

BERND LAGANDA

ADVENTSKALENDER

FSC
www.fsc.org

MIX
Papier aus verantwortungsvollen Quellen
Paper from responsible sources
FSC® C105338

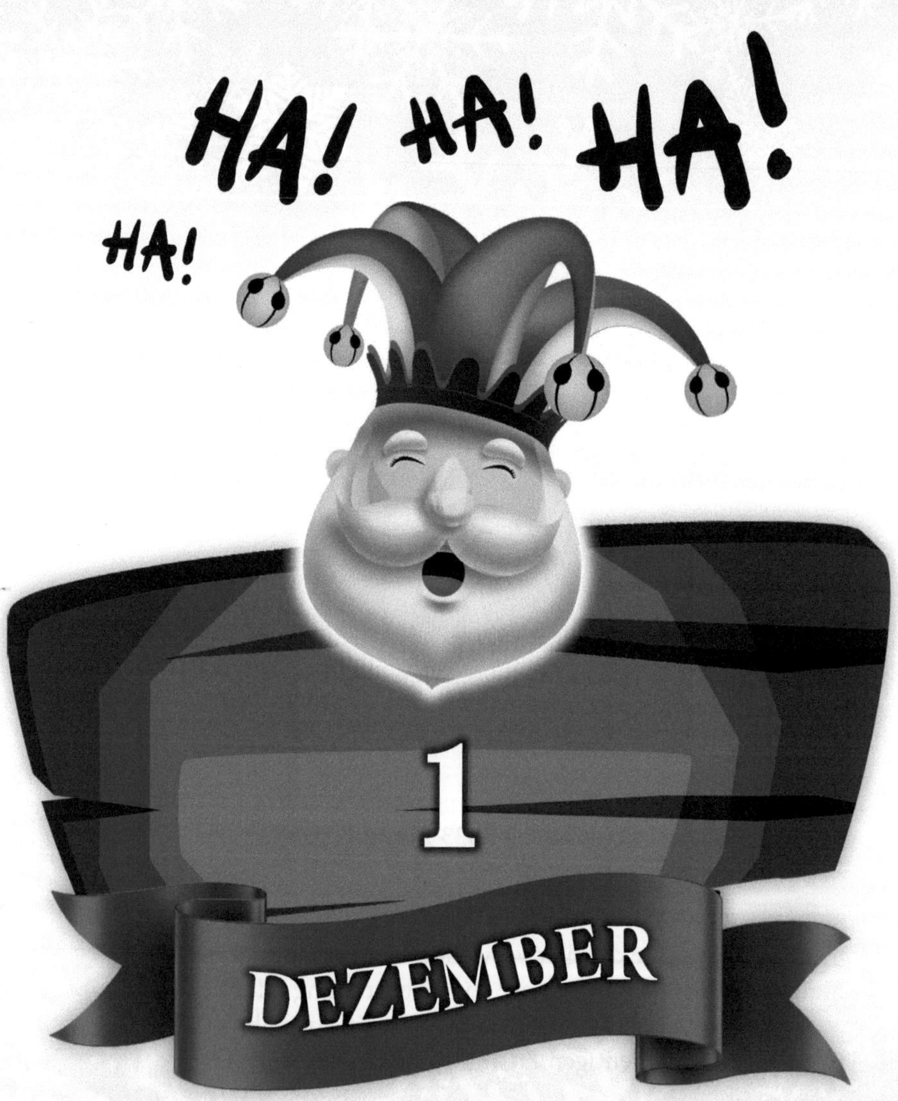
HA!
HA! HA! HA!
1
DEZEMBER

Treffen sich zwei Magneten. Sagt der eine: "Was soll ich heute bloß anziehen?"

Sagt die 0 zur 8: "Schicker Gürtel!"

Kann man mit einem Tampon schreiben? In der Regel schon

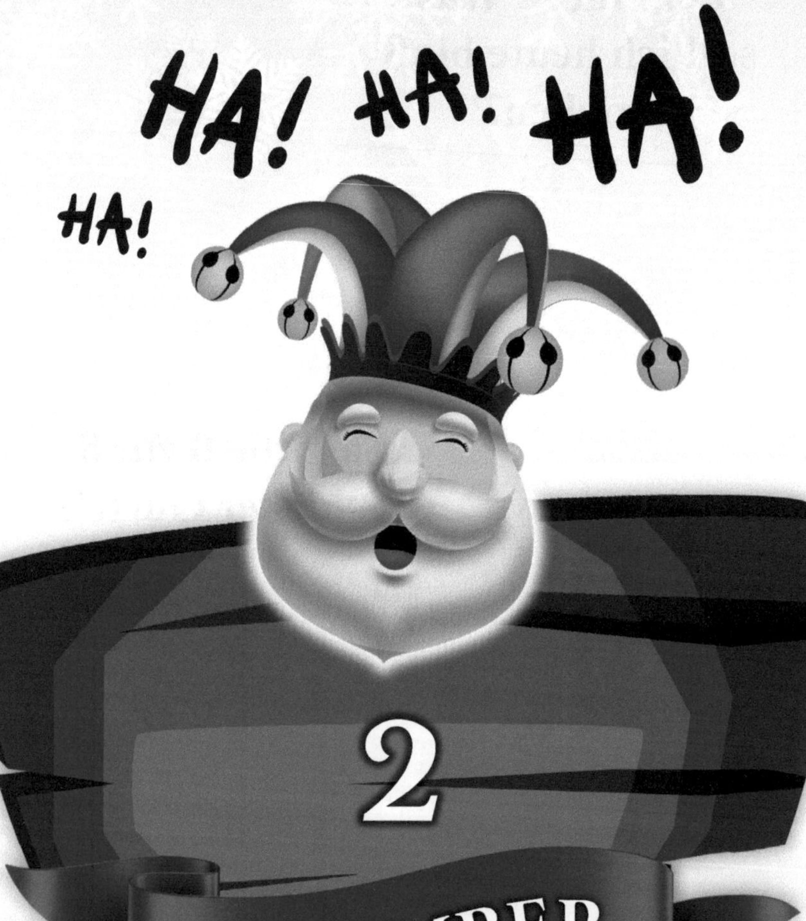
HA! HA! HA!
HA!
2
DEZEMBER

Oh eine Umleitung - wie abwegig.

Ein Bär, der auf einer Kugel sitzt und schreibt, nennt man Kugelschreibär!

Ist dir kalt? Dann komm zu mir in die Ecke, hier sind 90 Grad!

HA! HA! HA!

HA!

3

DEZEMBER

Warum muss der Bäcker ins Gefängnis? Weil er zu viele Eier geschlagen hat.

Was machen zwei wütende Schafe? Sie kriegen sich in die Wolle.

Kennst du den Bruder von Elvis? Zwölvis!

HA! HA! HA!

HA!

4

DEZEMBER

Was sagt der große Stift zum kleinen Stift? Wachs mal stift.

Was sitzt auf dem Bau und ruft "Aha"? Ein Uhu mit Sprachfehler.

Treffen sich zwei Ziegen. Fragt die eine: "Na, kommst du heute Abend mit in die Disco?" Sagt die andere: "Nee, ich habe keinen Bock!"

HA! HA! HA!

HA!

5

DEZEMBER

Was ist eigentlich das Gegenteil von analog? Anna sagte die Wahrheit!

Wie nennt man eine Gruppe von Wölfen? Wolfgang.

Was sitzt auf einem Baum und winkt? Ein Huhu.

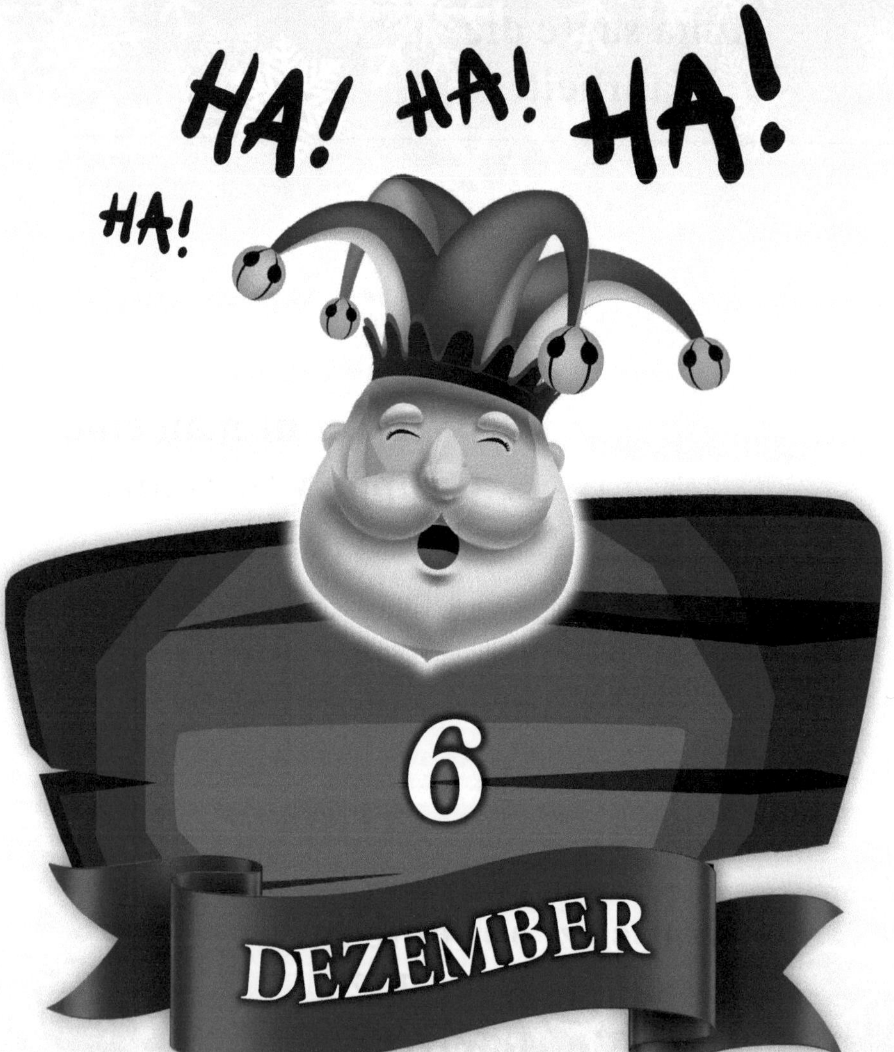
HA!
HA!
HA!
HA!
6
DEZEMBER

Mein Nachbar klopft im Garten seinen Teppich aus, und ich so: Was ist los Aladdin? Springt er nicht an?

Ich habe gerade den DJ angerufen. Er hat aufgelegt.

Was hoppelt durch den Wald und qualmt? Ein Kaminchen.

7

DEZEMBER

Meine Ärztin hat mir Wechselbäder verschrieben. Ich habe jetzt das dritte Bad eingebaut. So langsam geht mir das Geld aus.

Die Würde eines Mannes ist unten tastbar.

Wie nennt man einen ausgehungerten Frosch? Magerquark.

HA! HA! HA! HA!

8

DEZEMBER

Habe neulich meinen Mathelehrer angerufen. Damit hat er gar nicht gerechnet.

Sag mal, ist der Fisch immer so nervig? Ja, er ist ein Stör.

"Lass uns ein Fernglas kaufen!" - "Und dann?" - "Dann sehen wir weiter."

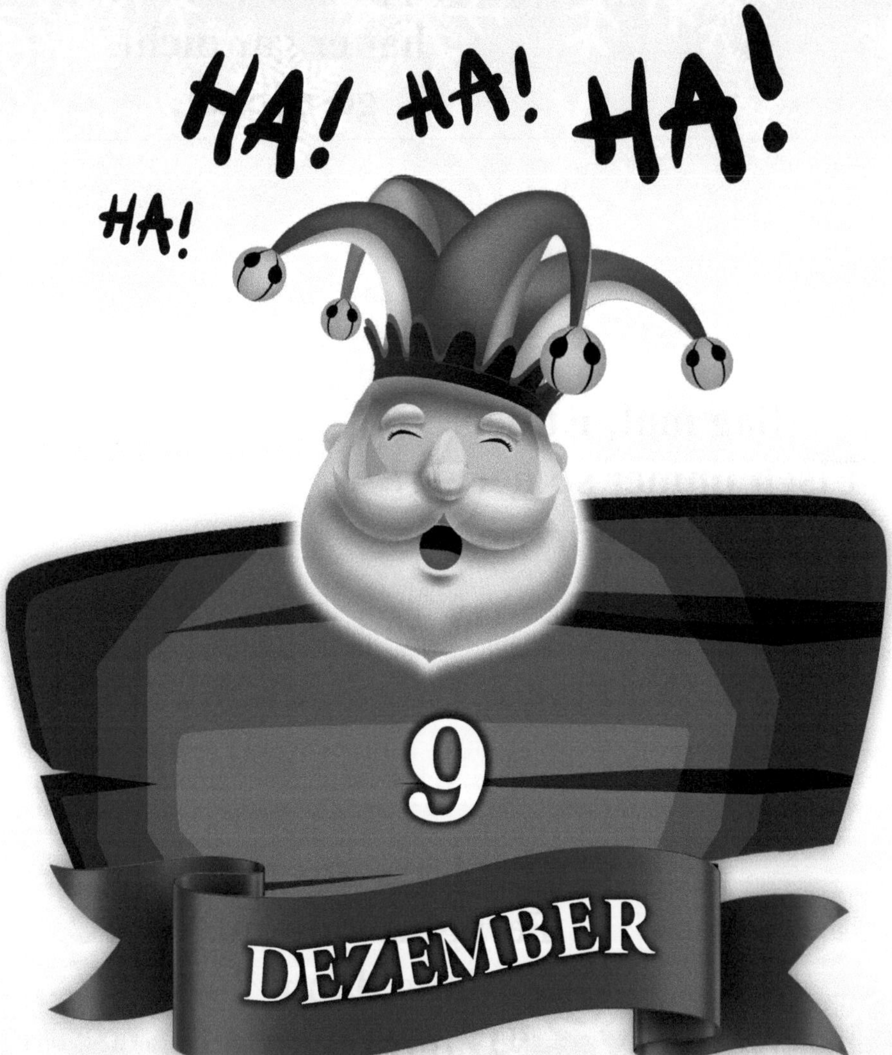
HA! HA! HA!
HA!
9
DEZEMBER

Mein letzter Erfolg war meine Geburt. Da kam ich ganz groß raus.

Was ist das Gegenteil von analog? Anna sagte die Wahrheit.

Sohn: "Schreib einfach, wenn ihr da seid." Vater: "einfach"

HA! HA! HA!
HA!

10

DEZEMBER

Ich habe ein Huhn und ein Ei im Internet bestellt. Ich geb' Bescheid, was zuerst da war.

Zeitumstellung ist auch nur Jetlag für Geringverdiener.

Sie: "Schatz, zündest du bitte den Weihnachtsbaum an?" Er: " Die Kerzen auch?"

HA! HA! HA!

HA!

11

DEZEMBER

"Sohn, irgendwann im Leben kommt der Moment, in dem du als Familienoberhaupt auch mal auf den Tisch hauen musst, um zu sagen: Hört sofort auf oder ich sag's Mama!"

Warum tanzt ihr beim Streiten? Wir Diskotieren.

Wenn man die Buchstabensuppe wieder auskotzt, ist das dann gebrochenes Deutsch?

HA! HA! HA!

HA!

12

DEZEMBER

Vater: "Dein Brot ist ja korrupt!"
Sohn: "Bitte was?"
Vater: "Es hat sich doch gerade von dir schmieren lassen!"

Witze über die Deutsche Bahn zu machen, ist eher schwierig. Man weiß nie, wann sie ankommen.

An der Straße steht ein Schild mit der Aufschrift "Anlieger frei". Jeder Vater immer: "Wir haben auch ein Anliegen. Wir wollen da durch."

HA! HA! HA!

HA!

13

DEZEMBER

Habe meine Englischlehrerin gefragt, was "Geräte" auf Englisch heißt. Die weiß es.

Was macht ein Security Mann in einer Nudelfabrik? Er Pasta auf.

Sohn: "Papa, wo ist Japan?"
Vater: "Keine Ahnung, deine Mutter hat aufgeräumt."

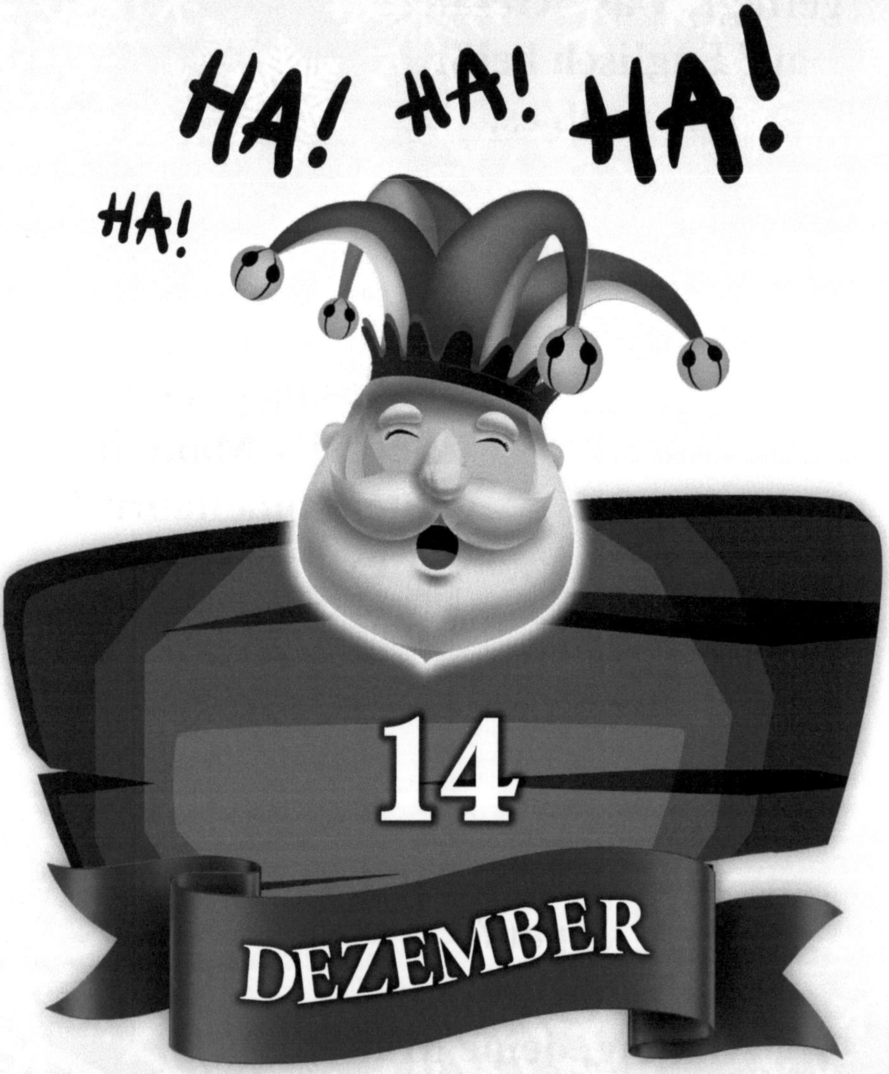
HA! HA! HA! HA!
14
DEZEMBER

Was ist das Äquivalent zu Frühlingserwachen? – "Spätrechtseinschlafen."

Wenn man einen Applestore ausraubt, gilt das dann als Mundraub?

Sie: "Schatz, machst du den Kamin an?"
Er: "Na Kamin, siehst gut aus heute. Hast du später schon was vor?"

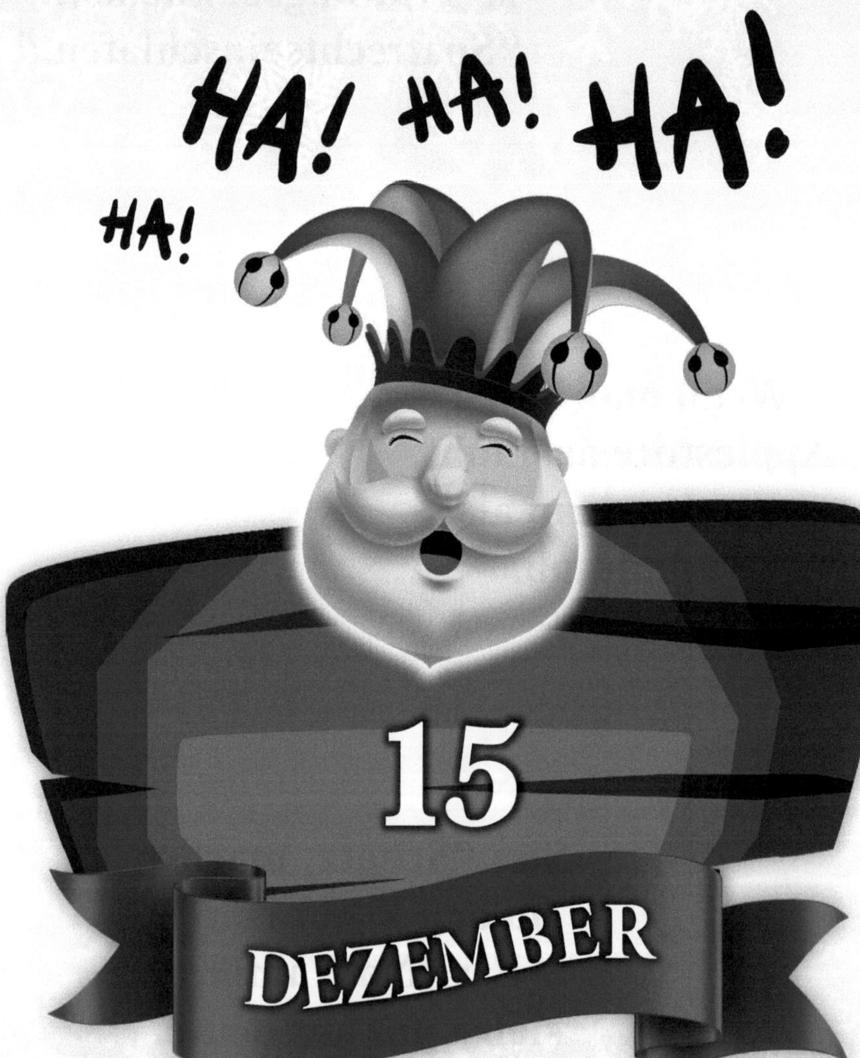
HA! HA! HA!
HA!
15
DEZEMBER

Frau bekleckert sich. Sie: "Jetzt sehe ich aus wie ein Schwein." Er: "Ja, und bekleckert hast du dich auch noch"

In Zentralamerika gibt es zwar schlechte Lackierer, dafür aber Guatemala.

Sie: "Da wo ich herkomme, gibt es nur gestampfte Kartoffeln." Er: "Kommst du etwa aus den Püreenäen?"

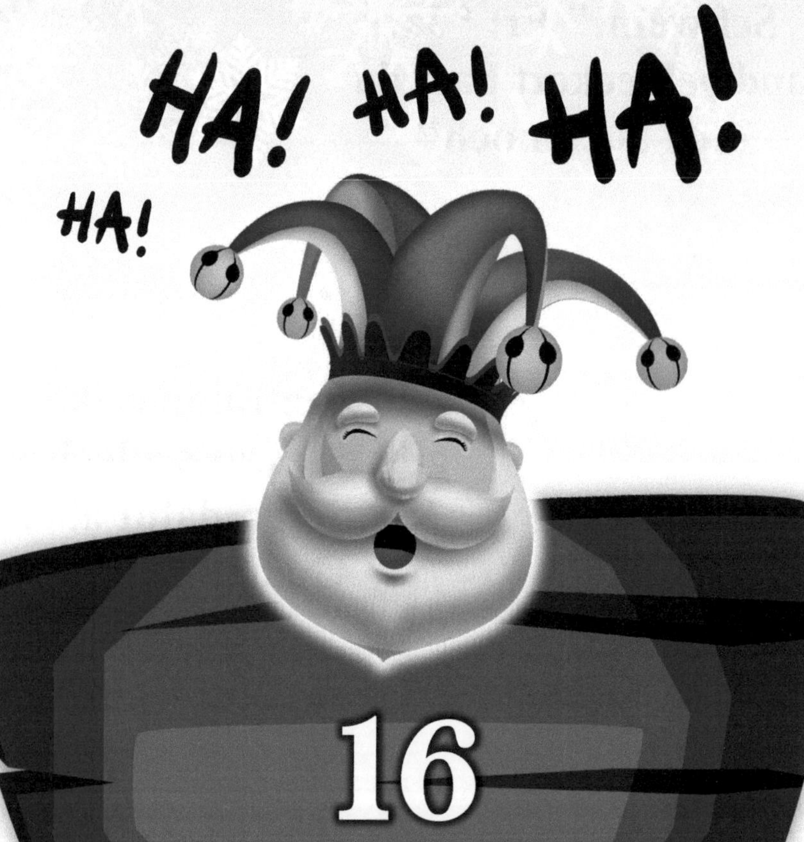
HA! HA! HA!
HA!
16
DEZEMBER

Für wen kauft ein Egoist Obst?
Pfirsich.

Was ist das beste an der Schweiz?
Ich weiß es nicht, aber die Flagge ist ein großes Plus.

Ein Gockel bekommt eine Blasterpistole. Aus Versehen bringt er damit alle Hühner um. Da ist der Hahn Solo.

HA! HA! HA!

HA!

17

DEZEMBER

Sie:" Schatz, ich habe Kopfschmerzen, hast du was dagegen?" Er:" Nein, das ist schon in Ordnung, dass du Kopfschmerzen hast."

Habe beim Flughafen angerufen. Da hebt keiner ab.

Ich parke nach Gehör. Wenn's kracht, noch ein Meter.

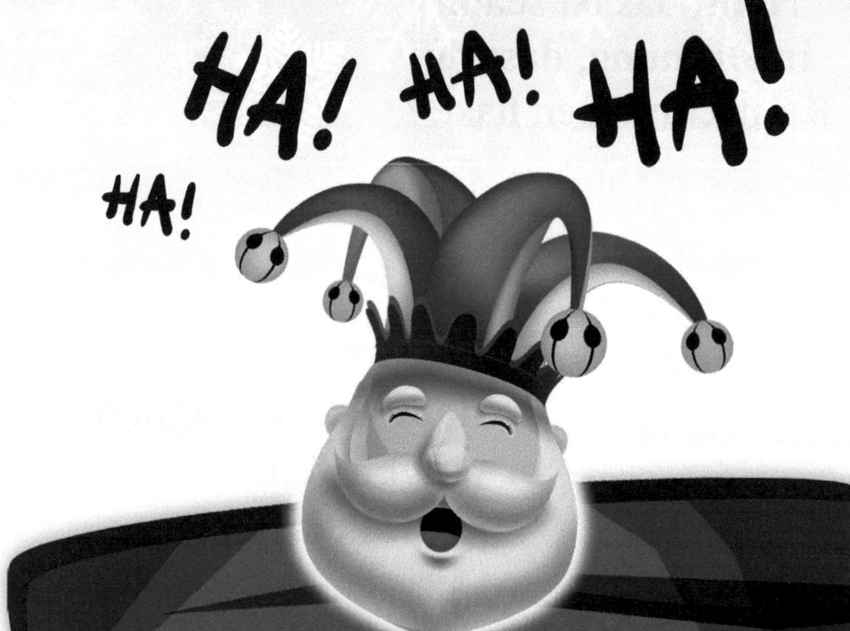
HA! HA! HA!
HA!
18
DEZEMBER

Was ist ein Keks unterm Baum?
Ein schattiges Plätzchen.

Lieber arm dran, als Arm ab.

Was ist grün und gewinnt jedes Rennen?
Ein Schnellerie.

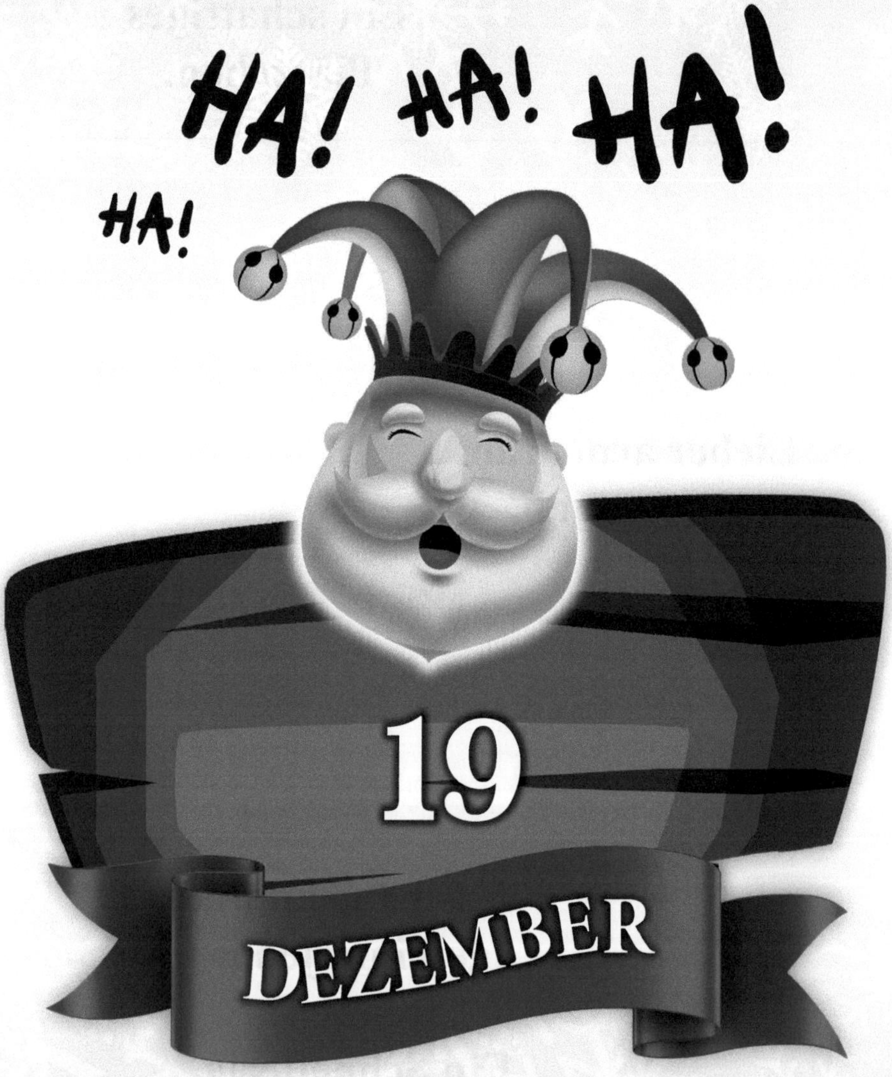
HA!
HA!
HA!
HA!
19
DEZEMBER

Ich bin ein
Mann mit Klasse.
Ich bin Lehrer.

Wer wirft mit Geld
um sich?
Ein Scheinwerfer.

Ich kann auch ohne
Alkohol witzig sein,
aber ich will kein
Risiko eingehen.

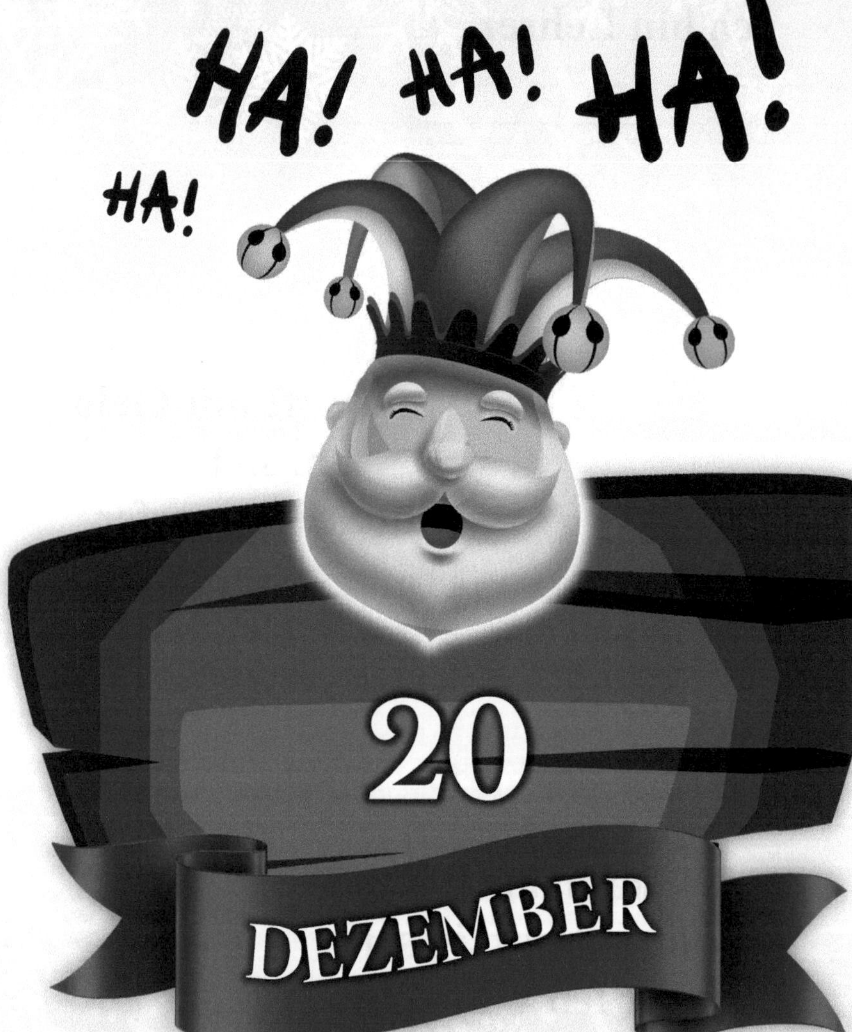
HA! HA! HA! HA!
20
DEZEMBER

Beim Zahnarzt:
Doc: "Das kann jetzt ein bisschen weh tun."
Er: "Kein Problem!"
Doc: "Ich habe seit drei Jahren ein Verhältnis mit ihrer Frau"

Sie steht auf Männer mit Pferdeschwanz, Frisur egal.

Schwester können sie mir einen Blasen? und – Nierentee bringen, bitte?

HA! HA! HA!

HA!

21

DEZEMBER

Wie nennt man Sex mit Gegenständen? Dingsbumms.

Lattenrost ist keine Geschlechtskrankheit.

Der Prinz ist angepisst. Rapunzel ließ Harn herunter.

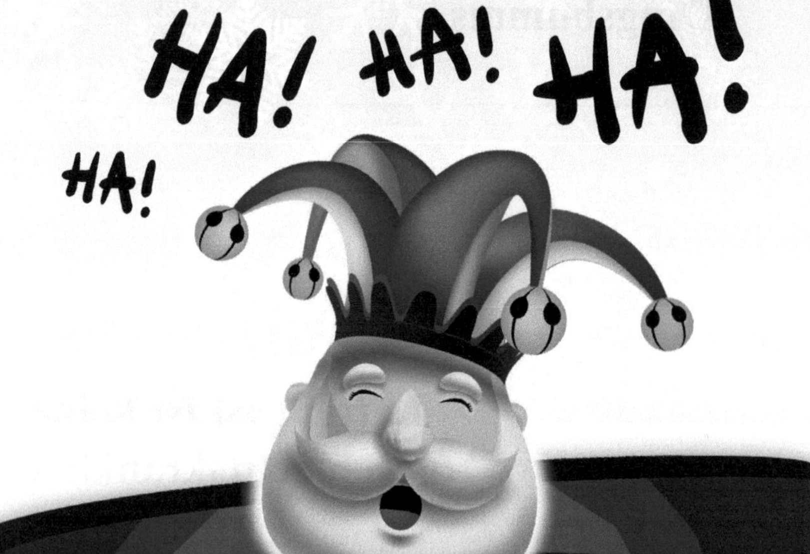
HA! HA! HA!
HA!
22
DEZEMBER

Vater: "Warum hat der Weihnachtsmann keine Kinder?" Familie: "Keine Ahnung, wieso?" Vater: "Weil er nur einmal im Jahr kommt."

Vater: "Weißt du, warum Geisterfahrer die freundlichsten Menschen sind?" Tochter: "Wieso?" Vater: "Na, die kommen dir entgegen!"

Sohn: "Papa, hast du einen Lieblingsfilm?" Vater: "Oh, schwierig. Ich kann mich da so schlecht festlegen, aber Tesafilm ist ein echt guter Streifen."

HA! HA! HA!

HA!

23

DEZEMBER

Vater:" Ich geb dir mal einen guten Rat, mein Junge. Bestell niemals eine Pflanze online." Sohn: "Wieso nicht?" Vater: "Schon nach 20 Minuten habe ich eine Mail bekommen, in der es hieß die Bestellung sei eingegangen."

Sie: "Schatz, warum bist du so müde?" Er:" Es schlummern einfach zu viele Talente in mir."

Tochter: "Papa, wie gehe ich damit um, wenn meine Freundin eingebildet ist?" Vater: "Du suchst dir eine, die es wirklich gibt."

HA! HA! HA!
HA!

24

DEZEMBER

Aufgeregter Vater: "Hey Kinder, was liegt am Strand und spricht undeutlich?" genervte Kinder: "eine Nuschel?" Vater:" Es ist Till Schweiger."

Eine Familie geht spazieren und kommt an einer Pferdekoppel vorbei. Ein Pferd liegt. Vater: "Schaut mal, das sieht aber ziemlich pferdig aus."

Kinder streiten sich. Vater: "Ihr seid zwei Schafe." Kinder irritiert: "Was?" Vater:" Na, ihr kriegt euch doch gerade in die Wolle."

Impressum

© Bernd Laganda

Das Werk ist urheberrechtlich geschützt. Jede Verwendung ohne die ausschließliche Erlaubnis des Autors ist untersagt. Dies gilt insbesondere für Vervielfältigung, Verwertung, Übersetzung und die Einspeicherung und Verarbeitung in elektronischen Systemen.

Für Fragen und Anregungen:
info@dulangon-verlag.de

ISBN: 978-3-910661-16-5

Originalausgabe
Erste Auflage 2023
© 2023 Imprint der Dulangon LLC, St. Petersburg, US

Redaktion: Marianne Link
Lektorat und Korrektorat: Peter Klausen
Covergestaltung: Danileoart, www.danileoart.com
Satz und Layout: Danileoart